SAINT-EVREMOND

> Les choses qui sont finement pensées, donnent à un lecteur
> délicat le plaisir de son intelligence et de son goût...
>
> SAINT-EVREMOND.

Saint-Evremond est aujourd'hui bien vengé des dédains de Voltaire. L'Académie française a mis son éloge au concours, et seize concurrents (il n'y a aucune indiscrétion à le dire) ont répondu à cet appel ; une revue qui passe pour n'être pas prodigue d'estime, la *Revue des Deux Mondes*, à elle seule, en a parlé deux fois en quinze ans. On a publié naguère en Normandie une notice sur sa vie et un choix de ses œuvres, et voici que M. Ch. Giraud, un savant juriste et un amateur de belles-lettres, s'il en fut au monde, publie à son tour un choix des œuvres de Saint-Evremond accompagné aussi d'une notice critique sur sa personne et ses écrits. Décidément, nous sommes revenus à l'heureux temps où les libraires demandaient qu'on leur fît « du Saint-Evremond. » Quand les libraires demandent ou seulement acceptent, apparemment c'est que le public se montre empressé. Abuserons-nous de cet empressement en publiant ici quelques études sincères et modestes sur ce personnage si important jadis, si populaire, à qui l'exil même donna un surcroît de popularité ? Nous osons ne pas le croire.

Entre tant de pièces inédites ou déjà imprimées, entre la séduisante publication à laquelle s'attache l'autorité de M. Giraud et les mystères du jugement académique, on nous pardonnera peut-être de demander quelque attention pour des pages inspirées par un sincère amour des lettres que Saint-Evremond aima tant et par un grand respect pour les vérités morales et religieuses qu'il méconnut peut-être jusqu'à son dernier jour. A défaut d'autre recommandation, que c'en soit une pour l'auteur des pages qu'on va lire de n'appartenir à aucune école, à aucun parti, même littéraire, et d'avoir simplement cherché à résumer les opinions (nous ne voulons pas dire les jugements) d'une critique sincère sur cet écrivain qui reste, après les vicissitudes de sa vie et de sa réputation, un des meilleurs modèles de la prose française.

I

Celui que la postérité devait connaître sous le nom de Saint-Evremond était le troisième fils de Charles de Saint-Denis et de Charlotte de Rouville, tous deux d'ancienne et bonne noblesse normande ; il naquit le 1er avril 1613 au château de Saint-Denis-le-Gast, situé entre Coutances et Granville. Il y a moins de vingt ans, on voyait encore cette vieille demeure seigneuriale délabrée, mais debout, habitée par un propriétaire qui revendiquait une parenté avec les anciens possesseurs. Les appartements gardaient encore la trace de peintures et d'ornements dans le goût des premières années du dix-septième siècle ; l'emplacement et les alentours de l'édifice attestaient qu'il avait succédé à un château féodal, témoignage de l'antiquité de cette famille. Il serait inutile d'aller aujourd'hui rechercher sur 'es lieux ces vestiges du passé, la vieille baronnie a disparu pour faire place à des bâtiments de ferme.

Suivant une coutume provinciale, chaque enfant du baron de Saint-Denis recevait le nom d'une des terres de la châtellenie paternelle ; notre cadet fut dit de Saint-Evremond ; de plus, par un usage particulier à cette famille, les enfants avaient un surnom tiré de leur caractère propre. L'aîné s'appela l'*honnête homme*, le second voué à l'Église, le *fin*, notre Saint-Evremond, l'*esprit* ; jamais surnom n'aura été mieux justifié, et sans doute il le mérita de bonne heure pour l'avoir emporté du manoir paternel, à l'âge de neuf ans, dans les divers colléges où il fit ses études. Trois autres frères suivirent sa naissance et reçurent aussi leur nom caractéristique ; mais ni le *soldat*, ni le *dameret*, ni le *chasseur*, n'ont fait parler d'eux, non plus que les deux aînés ; seul l'*esprit* a brillé sur la scène du monde et a laissé un nom qui a sauvé de l'oubli celui des siens.

Dans ces maisons nobles, au fils aîné appartenait de porter le nom de ses ancêtres et de le transmettre avec l'héritage à sa descendance ; aux autres enfants de chercher dans l'Église, l'armée, ou les emplois judiciaires une fortune que la constitution féodale leur refusait ; les bénéfices, les grades, les charges leur étaient réservés et leur fai-

saient un patrimoine à défaut de l'autre. Les parents de Saint-Evremond décidèrent qu'il serait de robe et l'envoyèrent commencer ses études au collège de Coutances, puis les continuer au collège de Clermont à Paris. Au bout de quatre ans, ses humanités et sa rhétorique étaient faites, celle-ci sous le père Canaye, homme de savoir et de goût, mais dont le nom, grâce à son trop malin élève, devait acquérir une renommée plaisante; sa famille le rapprocha d'elle en lui faisant commencer à Caen le cours de philosophie qu'il terminait l'année d'après au collège d'Harcourt.

Saint-Evremond avait quinze ans lorsqu'il finissait ainsi ses études. Qu'il emportât de classes si vivement faites un grand bagage de savoir, cela est douteux ; mais il est sûr qu'il y avait pris le goût et l'intelligence des lettres anciennes, avec des habitudes de réflexion rares parmi la turbulente jeunesse où il allait se lancer. Il commença l'étude du droit et en même temps fréquenta l'Académie tout comme « les gentilshommes destinés à la cour ou à l'armée; ceux-ci apprenaient à monter à cheval, à danser, à faire des armes et c'était tout. » Quant à Saint-Evremond, pour savoir encore bien d'autres choses, il n'en réussit pas moins à ces nouveaux exercices, et l'on ne parla bientôt plus dans les salles d'armes que de *la botte* de Saint-Evremond. Avant la fin de l'année il laissait là Justinien et les Institutes et entrait comme enseigne dans un régiment.

« En ce temps-là il n'en allait pas en France comme à présent ; Louis XIII régnait encore et le cardinal de Richelieu gouvernait le royaume. De grands hommes commandaient de petites armées, et ces armées faisaient de grandes choses[1]. » L'aimable conteur ajoute: « Les sièges étaient d'une longueur raisonnable, et les jeunes gens avaient le temps d'y apprendre leur métier[2]. » Saint-Evremond ne parle guère de ses débuts, mais nous pouvons nous le représenter à cette époque menant cette vie joyeuse des camps dont le siège de Trin nous offre un tableau si vif et si piquant. Le jeu y tenait grande place, et les principes de l'*honnête homme* permettaient d'aider la fortune par un peu d'adresse ; Saint-Evremond, pour de semblables tours, s'attira parfois l'épithète de *pipeur*. Les soupers et les chansons le trouvaient aussi partenaire dispos et allègre; cependant quelques retours de lui sur sa jeunesse nous donnent à penser que les occupations de l'esprit avaient leur place au milieu des escarmouches et des plaisirs. « Dans ce temps où l'entendement s'ouvre aux connaissances, j'eus un désir curieux de comprendre la nature des choses, et la présomption me persuada bientôt que je l'avais connue. » Voilà des préoccupations

---
[1] *Mém. de Gram.*, chap. II.
[2] *Ibid.*

que ne connaissaient guère un chevalier de Grammont et ses pareils. On peut y ajouter la lecture et l'étude de ces auteurs anciens qui parlent de guerre, et que le jeune officier se plaisait à éclairer de tout ce que la pratique de son nouveau métier lui fournissait de lumière. Ce mélange de curiosité sérieuse et d'humeur facile en firent de bonne heure une figure originale, se détachant heureusement sur le fond de frivolité et de libertinage que le bel air et les préjugés aristocratiques avaient établis, et s'il rencontra plus d'un aimable ignorant s'écriant à la vue de son Tite Live ou de son César : « Du latin ! du latin ! de mon temps, un gentilhomme en eût été déshonoré ! » il trouva, en revanche, des appréciateurs de son mérite en la personne d'illustres hommes de guerre tels que le comte Palluau, Miossens et le marquis de Créquy. Ils se lièrent avec lui d'une amitié qui dura autant que leur vie.

Vers 1637 Saint-Evremond servait dans l'armée réunie sous le cardinal Lavalette pour reprendre les places de la frontière nord de la France perdues depuis deux ans. Après le siége de Landrecy, sa conduite fut récompensée par le commandement d'une compagnie et plus encore par l'attention d'un officier de vingt-six ans à qui l'on pouvait attribuer ce qui s'était passé de plus signalé dans cette campagne : c'était le vicomte de Turenne, dont l'estime et l'affection lui furent dès lors et pour toujours acquises.

Le jeune capitaine se reposa-t-il de cette campagne dans les sociétés spirituelles et brillantes dont la capitale de la France offrait une réunion sans pareille? Cela est probable, bien qu'il ne nous le dise pas lui-même et que la chronique des ruelles les mieux hantées n'enregistre pas son nom. Sa naissance et les alliances de sa famille lui ouvraient toutes les portes. Sa taille avantageuse, sa physionomie vive et pleine de feu, sa politesse et son esprit fin durent n'avoir pas moins de succès à la place Royale qu'au quartier du Louvre, et nous le voyons volontiers à l'hôtel Rambouillet, applaudissant Voiture « le premier en toute matière ingénieuse et galante[1] », obtenant à son tour un quart d'heure d'attention pour quelque sonnet élégant et plaintif, et surtout observant de près ce genre précieux, alors dans son meilleur moment, mais sur la pente de l'affectation et du galimatias où il devait se perdre. Saint-Evremond, avec sa pénétration malicieuse, en saisissait le faux, en perçait à jour les vaines prétentions et lui lançait maintes épigrammes qu'il a toutes résumées dans une satire où le jargon des chères et leurs subtilités de sentiment sont raillées d'une manière amusante.

C'était dans un autre monde moins délicat, moins correct, mais

[1] *Jugement sur quelques auteurs français*, t. IV.

plus naturel que le jeune capitaine portait de tels morceaux, dans le monde des Marion et des Ninon. Comme toute la fleur de la cour, il était alors du cortége de cette trop célèbre et dangereuse Ninon de l'Enclos, « un peu son amant et beaucoup son ami[1]. » Saint-Evremond était homme à s'arranger de cette part et même « à se tenir pour obligé qu'elle voulût bien lui laisser tout le bon sens nécessaire pour estimer son mérite sans intéresser son repos; » c'est que, même dans cette vive période de sa jeunesse, l'homme prudent et modéré dominait en lui, « qu'il n'était pas de ces jeunes fous faisant comme une profusion de leur être quand ils croient avoir longtemps à le posséder encore, et qu'il haïssait la dissipation, persuadé qu'il faut du bien pour les commodités d'une longue vie. » Ainsi fait, on voit sans aigreur et sans regret se succéder les favoris, on a des vers aimables pour le succès d'un maréchal « ornement de la cour » ou d'un jeune duc « qui gagne des batailles; » on ne commence à se plaindre que lorsqu'un rival trop heureux fixe l'inconstance de Philis et la retient loin de ses amis. On est de tous ces joyeux soupers où Ninon se montrait « ivre dès la soupe, ivre de belle humeur et de saillies, car elle ne buvait que de l'eau[2]; » on lutte de plaisanteries aiguisées avec ce rare esprit qui définissait d'un trait et résumait la satire dont nous parlions tout à l'heure d'un mot qui valait mieux qu'elle et restait : « Les précieuses sont les jansénistes de l'amour; » on gardait de l'enchanteresse une image si vive et si parfaite qu'elle revenait d'elle-même se placer sous la plume, soit qu'il s'agit de louer une femme, ou de tracer le portrait d'une Émilie idéale, la femme qui ne se trouve point et ne se trouvera jamais. Ainsi fait, on n'a point de sévérité pour cette vie licencieuse qui portait le trouble dans les familles, déchirait un cœur comme celui de madame de Sévigné et ruinait tant d'honnêtes fortunes. Un tel ordre de sentiments reste étranger à Saint-Evremond et ne fait pas partie du code de l'*honnête homme* dont il est un strict observateur. Bien plus, les femmes faciles seront celles qu'il louera de préférence et qu'il fréquentera. Marion Delorme se l'attache; il rappellera plus tard avec complaisance un séjour à Bourbon où, prenant ses eaux avec elle, il se plaisait à la voir et à l'ouïr chanter. Madame de Montbazon lui paraît charmante, et quant à la comtesse d'Olonne la plus décriée des grandes dames de ce temps, il trace d'elle un *caractère* où il célèbre non-seulement sa beauté, mais son esprit, sa conversation, et, voulant mêler quelque ombre à ses éloges, ne trouve à lui reprocher que certaines inégalités qui la rendent plus aimable encore. Saint-Evremond laissera madame de Sévigné nous dire que cette femme avait

[1] Sainte-Beuve.
[2] *Id.*

fait le nom d'Olonne par trop difficile à purifier et que le comte, de son côté, n'était propre à se soucier ni de son nom ni de sa famille ; pour lui, il vivra à l'aise entre ces singuliers époux, encensera la femme, soupera gaiement et délicatement avec le mari et gardera sa verve satirique pour d'autres sujets.

Au mois d'avril 1638, Chapelain écrivait à M. Meynard en Auvergne : « Le peuple se réjouit aux dépens de l'Académie et s'entretient d'une mauvaise comédie manuscrite où nous sommes la plupart introduits personnages, à ce qu'on dit, peu agréablement. » Au mois de juin, Chapelain revenant sur le même sujet adressait à Balzac la lettre suivante : « *Qualche scioperato* s'est avisé de faire rire les crocheteurs aux dépens de notre sénat littéraire, car il ne fait pas rire les honnêtes gens. Il a fait une mauvaise farce où nous représentons tous et jusques à M. le chancelier même, ce qui a fait supprimer la pièce, parce qu'on menaçait d'un voyage en Bastille celui qui s'en avouerait le compositeur. »

Que Chapelain traitât cette satire de maigre bouffonnerie, c'était son droit, mais néanmoins les ruelles en riaient, et non pas les crocheteurs, qui n'y eussent rien compris. Tandis que le manuscrit circulait et sous maintes copies allait se défigurant, on se disait le nom de l'auteur à l'oreille ; ce n'était pas toujours le même : mademoiselle de Gournay prononçait celui de Saint-Amand et le donnait pour vrai à qui voulait l'entendre, tandis que Saint-Amand se défendait d'une telle œuvre, comme d'un crime, devant ses confrères et devant le protecteur de la compagnie. Urbain Chevreau l'attribuait au comte d'Estlan, gentilhomme normand de beaucoup d'esprit, qui écrivait force petites satires et les lançait manuscrites comme celle-ci. D'autres enfin, dont était Tallemant des Réaux, n'hésitaient pas à la donner à Saint-Evremond. On venait dénoncer le même nom à Pellisson, et celui-ci, moins irrité que Chapelain, disait qu'elle n'était pas sans esprit et lui trouvait des endroits fort plaisants. Saint-Evremond, qui se souciait moins que personne de la Bastille, se gardait de revendiquer la paternité de l'œuvre légère à laquelle il avait bonne part, car sur ses vieux jours, pressé par Bayle d'avouer ce qu'il en était, il répondait qu'à la vérité, au sortir du collége, il avait travaillé à la pièce intitulée *les Académistes* ; qu'il n'y avait pas travaillé seul ; que le comte d'Estlan dont parle le Chevræana y avait eu plus de part que lui, que d'autres encore y avaient contribué.

C'était donc un pique-nique littéraire, sorti sans doute de quelques gais pique-niques de cabaret, où la verve mordante de jeunes esprits impatients de tout frein s'attaquait audacieusement à l'institution nouvelle. Grande était alors son autorité ; d'accord avec l'hôtel de Rambouillet, elle entreprenait de « purger » le langage et faisait la guerre à cette vieille langue de Montaigne et d'Amyot, si naïve et si gracieuse; le Cid, ce chef-d'œuvre si universellement applaudi à Paris et dans toute la France, passait sous les férules de sa censure; le grand cardinal s'en déclarait le protecteur et revêtait ses membres de priviléges et d'exemptions utiles. Ce n'était donc pas une petite hardiesse que d'attaquer de front la phalange réformatrice, et l'anonyme était une légitime précaution, en même temps qu'un vif aiguillon pour la curiosité publique.

Il ne faudrait pas juger *les Académistes* au point de vue de la scène et d'après ce titre de *comédie* auquel on attachait alors un sens moins rigoureux qu'aujourd'hui. Ce n'est qu'une suite de dialogues satiriques qui souvent ont pour tout lien le fond même du sujet; mais les vers sont d'une allure franche, la raillerie pleine de sel et de sens, les caractères frappant de vérité, les scènes amusantes et bien filées. Il en est une qui mérite de rester dans toutes les mémoires et pour son mérite propre et pour avoir fourni peut-être à notre grand comique l'idée première d'une scène et des meilleures de ses *Femmes savantes*: c'est celle où Godeau et Colletet se rencontrent; l'évêque et le poëte échangent d'abord des politesses préliminaires; puis le premier entonne l'éloge de ses propres vers, laissant à peine à Colletet le temps d'approuver. Le pauvre diable demande à la fin que l'évêque lui rende la monnaie de ses louanges; mais celui-ci, qu'il interrompt brusquement, change aussitôt de ton et l'accable d'injures et de sarcasmes. Ici ce n'est pas, comme chez Molière, par méprise que se fait la rupture, et la marche n'en est que plus naturelle. Citons encore et pour finir l'arrêt gravement comique qui résume le travail de la docte assemblée et dans lequel le malin critique lance à chacun son trait dans une langue aussi souple qu'élégante.

Bientôt la guerre vint ressaisir l'officier bel esprit pour l'envoyer au siége d'Arras, si disputé qu'il fallut deux armées pour en venir à bout; le duc d'Enghien faisait là ses premières armes, se distinguant dans tous les combats. Le grand cœur qu'il montrait dans toutes les occasions, la manière dont il se comportait envers les officiers et les soldats faisaient augurer aux clairvoyants qu'il serait un jour un des plus grands capitaines du monde. Ce coup d'œil d'aigle qui voyait tout et n'oubliait personne lui fit distinguer Saint-Evremond, dont l'esprit railleur et le savoir élégant étaient faits pour plaire au duc d'Enghien, fort gai lui-même, fort spirituel et lauréat brillant du collége de Clermont. Le jeune prince lui donna l'année suivante la lieutenance de ses gardes afin de l'attacher à sa personne, et pendant sept ou huit ans il en fit le compagnon de ses campagnes, l'hôte de sa tente, le partenaire de ses plaisirs et son lecteur privé pour les moments de loisir que lui laissaient la conduite de la guerre et le soin de l'armée. Qui mieux que cet amateur délicat de l'antiquité pouvait servir au jeune prince la moelle et le suc des auteurs qu'il pratiquait lui-même assidûment, non pas en grammairien, non pas en historien de profession. Dédaignant les questions de détail, il « n'aimait pas ces gens doctes qui emploient toute leur étude à restituer un passage dont la restitution ne nous plait en rien. » Pour lui, il ne se piquait d'entendre que ce qui mérite véritablement d'être entendu et savait à merveille « prendre l'esprit d'un honnête homme des anciens ; » les questions de chronologie lui étaient indifférentes, mais il s'exerçait à connaître le génie des personnages et plutôt le consul que ce qui s'était fait sous le consulat.

L'hôtel de Condé était lui-même un centre littéraire qui faisait concurrence à l'Académie française peu en faveur dans ce monde où le cardinal et ses œuvres n'étaient pas aimés. Le duc d'Enghien pressé par la Compagnie d'en accepter le protectorat devenu vacant par la mort de Richelieu, déclina cet honneur et laissa s'élever dans son hôtel une société de lettrés qu'il encourageait parfois de sa présence. Saint-Evremond dut en faire partie, mais cette rivalité ne nuisit pas au développement de la grande Académie, non plus que les attaques des satiriques.

Saint-Evremond, en possession d'une renommée de railleur bien établie, se voyait attribuer maintes pièces anonymes. Bois-Robert déjà maltraité dans les *Académistes* s'en prit à lui d'une grande lettre non signée, où l'on malmenait certaines nouvelles espagnoles qu'il venait de publier. L'homme d'épée riposta vertement à l'homme de plume, disant qu'il ne voulait pas de brouillerie avec lui, « non pas à cause que vous faites d'assez méchantes nouvelles, mais à cause de cette inconsidération perpétuelle dont Dieu vous a doué, et qui fait dire qu'il faut toujours vous juger sur le pied de huit ans. » Si ce jour-là Bois-Robert eut le dessous, il se rattrapa quelque temps après dans une satire contre d'Olonne, Bois-Dauphin et Saint-Evremond. « Il y avait de plaisantes choses dans cette pièce, dit l'auteur des *Historiettes*, et il en mordait deux assez fort, Sablé et Saint-Evremond, comme des gens qui ne trouvaient rien de bon et n'avaient donné un verre d'eau à personne. » Cette fois le coup portait juste et Saint-Evremond craignit le ridicule ; il s'abaissa à cajoler Bois-Robert et lui fit jeter sa pièce au feu.

De plus nobles combats l'attendaient ; il fit bientôt avec Condé les campagnes dont les journées de Rocroy, de Fribourg, de Nordlingen, ont été les moments décisifs. On sait combien meurtrière fut cette dernière victoire que Mazarin annonçait en ces termes à la reine : « Madame, tant de gens sont morts qu'il ne faut quasi pas que Votre Majesté se réjouisse. » Saint-Evremond fut au nombre des blessés. Posté avec son escadron au pied d'une petite hauteur d'où tirait une batterie ennemie, il essuya trois heures durant un feu plongeant et continuel ; presque tout son monde y périt et lui-même fut atteint au genou d'un coup de fauconneau. Pendant près de six semaines les chirurgiens craignirent d'être obligés à l'amputation, mais son bon tempérament prenant le dessus, il guérit et garda sa jambe. Pendant ce temps et un mois après sa victoire, le duc d'Enghien tombait grièvement malade ; grande douleur dans l'armée, grande émotion dans le public, mais grande indifférence à la cour, où l'on s'amusa d'une fête et d'un feu d'artifice préparé sur l'eau pour ce jour même, malgré l'arrivée de si tristes nouvelles.

Saint-Evremond, dès qu'il put se faire transporter auprès du prince convalescent, vint reprendre les entretiens et les lectures accoutumées. Pensant d'abord à le divertir, il lui proposa Rabelais, mais le jeune duc avait l'esprit et le cœur trop haut, pour n'être point choqué des grossièretés de cet auteur. Celui qui aimait Corneille et pleurait à Cinna, qui depuis quatre ans nourrissait une passion ardente et pure pour mademoiselle du Vigean, ne pouvait se plaire aux pantagruéliques facéties du curé de Meudon. Saint-Evremond réussit à lui faire agréer Pétrone ; nous ne savons guère ce que le prince gagnait au change, sinon de connaître un auteur fort en vogue parmi la jeune aristocratie lettrée, y compris Bussy-Rabutin qui, dit-on, l'a souvent traduit ou imité avec bonheur.

Dès lors Saint-Evremond est au plus avant de l'estime et de l'amitié du prince ; celui-ci s'entretient avec lui des généraux du temps et lui confie ce jugement : « Si j'avais à me changer, je voudrais que ce fût en monsieur de Turenne, et c'est le seul homme qui peut me faire souhaiter ce changement. » Il l'admet en tiers dans la conférence où il consulte cet illustre émule sur la conduite qu'il vaut mieux tenir en Flandre. Enfin, après la prise de Furnes, il lui donne une mission délicate, en apparence d'annoncer à la cour ce dernier succès, en réalité, mais très-secrètement, de faire adopter au cardinal le siége de Dunkerque, but de ses opérations, et d'en obtenir les moyens d'exécution nécessaires. Saint-Evremond réussit, et la prise de Dunkerque mit le comble à la gloire du duc d'Enghien.

L'année d'après nous trouvons Saint-Evremond rendu aux loisirs élégants de la société ; c'était

> . . . Le temps de la bonne Régence,
> Temps où la ville aussi bien que la cour
> Ne respirait que les jeux et l'amour !

Effet heureux de la satisfaction et de la sécurité causées par les derniers succès des armes françaises. Le théâtre, alimenté par le génie de Corneille et le talent de ses rivaux, offrait à Saint-Evremond un genre de plaisir qu'il goûtait en amateur passionné, mais éclairé, comme le témoigne plus d'un morceau de considérations sur les comédies. L'hôtel de Condé, rendez-vous des brillants petits-maîtres, des esprits les plus polis, de femmes d'un rare mérite, entre lesquelles s'élevait madame de Longueville, lui offrait un salon d'élite où la conversation avait toute la vivacité et l'agrément possible, où lui-même réussissait parfaitement. On y était mécontent du cardinal. Celui-ci craignant la trop grande fortune de la maison de Condé, venait de refuser au jeune duc la charge de grand amiral vacante par la mort de son beau-frère le duc de Brézé. N'était-il pas bien dur, pour ne pas dire tout à fait malséant de priver le héros de tant de victoires d'une charge qui pouvait sembler un héritage naturellement dévolu à l'époux contraint et forcé de Clémence de Maillé-Brézé? et quelque maxime comme celle-ci : « Qu'il faut mépriser la fortune et ne point se soucier de la cour, » n'était-elle pas alors de mise dans le cercle intime? C'est au lendemain de l'entretien que Saint-Evremond aura écrit les lignes suivantes : « Ceux qui croient avoir reçu des outrages de la fortune ont droit de la quitter et de chercher loin d'elle un repos qui leur tienne lieu des biens qu'elle leur refuse. Je ne trouve donc pas étrange qu'un honnête homme méprise la cour…; » et ce conseil au prince qui s'emporte en paroles acerbes contre le cardinal ministre : « Quand l'honneur ou l'intérêt nous veulent porter à la vengeance contre un favori, il me semble qu'on doit respecter l'inclination du maître dans la personne de l'ennemi, ne pas confondre le bien public avec le nôtre, et ne faire jamais une guerre civile d'une querelle particulière. » Que ne fut-il écouté? dix ans de troubles factieux eussent été épargnés à la France!

La table ne doit pas être omise au nombre des plaisirs que prisait Saint-Evremond; il était le convive indispensable des soupers de certains gourmets délicats tels que le commandeur de Souvré, le comte d'Olonne, l'évêque de Laval et d'autres encore « qui tenaient table. » Pour lui et ses amis, ce qu'il recherchait avant tout c'était l'exquise qualité des viandes et des vins : « Ces messieurs outrent tout, leur disaient ceux qui ne savaient pas atteindre à leurs raffinements, ils ne sauraient manger que du veau de rivière; il faut que leurs perdrix viennent d'Auvergne, que leurs lapins soient de la Roche-Guyon, et pour le vin, ils n'en sauraient boire que de trois coteaux, d'Ay, d'Haut-Villiers et d'Avenay. » Les chansons s'en mêlèrent si bien que le nom de Coteaux leur resta, ce dont Saint-Evremond plaisantait lui-même, se moquant d'ailleurs bien plus de ceux qui prennent les grands repas pour les bons repas et qui se « crèvent de poissons ou de gibier au grand détriment de leur estomac. »

II

Mais l'épicurien allait éprouver sa première disgrâce, et combien mobile et capricieuse est l'amitié des grands. Condé, esprit très-mordant, se plaisait à railler sans pitié, et il prenait volontiers pour confident de ce jeu cruel Saint-Evremond et le comte de Miossens. Un jour, ceux-ci osèrent retourner contre le prince l'arme dont il blessait tant de gens, et ils traitèrent de ridicule cette manie d'en trouver à tout le monde. La chose leur parut trop plaisante pour la garder entre eux, le brocard courut, et alla consoler sans doute plus d'une victime des griffes princières. Malheureusement il revint aux oreilles de l'intéressé, dont l'amour-propre, qui était extrême, soutint mal l'épreuve. Condé retira aux deux audacieux son affection et les charges qu'ils avaient auprès de sa personne. C'était là une faveur de la fortune plutôt qu'un échec, car peu de temps après le prince se brouillait avec la cour, et il servait singulièrement aux intérêts comme à l'honneur de Saint-Evremond de se trouver dégagé d'avance de tout service auprès de celui qui allait devenir l'ennemi de son roi et de sa patrie. A la suite de cet événement, il se retira quelque temps en Normandie au château de sa famille, laissant passer les premiers mouvements populaires de cette Fronde qu'on a si justement nommée « la dernière des campagnes de l'aristocratie française. » Mais tout à coup le bruit se répand que le duc de Longueville, gouverneur de Normandie, vient d'arriver dans la province, qu'il tente de la soulever contre l'autorité royale et qu'il veut opérer la jonction du parlement de Rouen avec celui de Paris. Saint-Evremond était trop connu du duc et de tous les gentilshommes de son parti pour qu'on l'oubliât dans son castel de Saint-Denis : « on voulut lui donner le commandement de l'artillerie, et, à dire vrai, dans l'inclination qu'il avait pour Saint-Germain, il eût bien souhaité servir la cour en prenant une charge où il n'entendait rien. Mais comme il avait promis au comte d'Harcourt de ne point prendre d'emploi, il tint sa promesse tant par honneur que pour ne ressembler pas aux Normands qui avaient presque tous manqué de parole. Ces considérations lui firent généreusement refuser l'argent qu'on lui offrait et qu'on ne lui eût pas donné. »

Qui raille si agréablement l'importance et le néant d'une petite faction à qui tout manque, talent, argent, esprit de conduite, et le reste? Saint-Evremond lui-même. Sa relation de la retraite du duc de Longueville est un morceau exquis, une Mazarinade contre la Fronde et d'un ton d'honnête homme rare en de pareilles pièces. Elle plut au cardinal Mazarin et remit en meilleur train que jamais la fortune du disgrâcié de Monsieur le Prince. Nous le voyons à la suite de la cour lorsque celle-ci va chasser madame de Longueville de la Normandie, et ôter aux créatures de sa maison les gouvernements qu'ils possèdent. Il fit route avec un jeune duc « le premier de la cour en bonne mine, en magnificence, en richesse, celui que tous les hommes enviaient et dont toutes les dames galantes souhaitaient l'estime [1]. » C'était Candale, fils du duc d'Épernon, la plus belle tête blonde de Paris, mais aussi la plus légère et la plus vide. Il s'était engoué de Saint-Evremond, et, comme il lui fallait toujours un confident de ses amours, « il lui faisait part de mille petites choses fort chères aux amants, très-indifférentes à ceux qui sont obligés de les écouter. » Le fin Normand voulant tourner à sa propre utilité un commerce dont il ne pouvait se défendre et qu'il trouvait de médiocre intérêt, tâcha d'inspirer au frivole jeune homme des idées d'ambition ; il lui montra le vide immense que faisait à la cour l'absence indéfinie de Condé comme l'éloignement de Turenne, et il l'invita à se pousser à leur place. Candale goûta ce conseil, mais y trouva un obstacle : « Le cardinal, dit-il à son conseiller, me montre une inclination surprenante, et souhaite même m'attacher à lui par un mariage avec une de ses nièces, mais je ne me sens aucune amitié pour sa personne, ni aucun goût pour son alliance. » Ce mot ruinait les calculs de Saint-Evremond ; sans se décourager pourtant, il lui trace un autre plan, d'abord de dissimuler de tels sentiments, puis de se ménager soigneusement la cour, de se pousser au commandement des armées, cette source de toute distinction, et surtout de s'attacher des amis dont la réputation servît à rehausser la sienne ; et là-dessus il passe en revue cinq ou six des plus considérables de l'État, analyse leur caractère, leur esprit, leur situation, avec une connaissance, une justesse qui rend ces portraits aussi agréables qu'ils sont ressemblants. Mais Candale était de ceux pour qui la Fortune a fait plus qu'ils ne font pour eux-mêmes, et qui restent où elle les a mis ; les ménagements savants et la politique soutenue n'étaient pas son fait ; il prodigua sa vie en équipées galantes, en duels retentissants, en vengeances audacieuses contre ceux qui osaient le railler, et, sauf l'expédition de Guyenne, dont on reparlera plus bas, il laissa faire par d'autres mains ce qui se fit de considérable en ces temps agités. Une mort prématurée l'enleva en 1658 ; ce fut un concert de regrets

[1] Madame de Motteville.

et de larmes dans les ruelles; telle qu'il n'avait jamais regardée se piqua d'être inconsolable; Saint-Evremond se fit dans une plaintive élégie l'interprète de la plus compromise des affligées. Quant à lui, son deuil était fait depuis longtemps de l'homme de guerre et de l'homme d'État qu'il avait rêvé pour remplacer le vainqueur de Rocroy. La Fronde et ses chefs offraient beau jeu à son esprit railleur, et le duc de Beaufort, ce roi des halles, ce héros de carrefour, fanfaron, grossier, étourdi, mobile, lui était un plastron à souhait. Autour d'une table qui réunissait Saint-Evremond l'Esprit, Miossens l'Audace, Moret la Gravité, Palluau l'Attachement à la cour et cinq ou six autres que nous intitulerons la Verve, l'Entrain, l'Ironie, on entreprit Beaufort et on le mena si bien que ces messieurs voulurent conserver les vertes saillies et les traits satiriques sortis de leurs cerveaux échauffés. Un d'eux les rédigea par écrit et ce fut l'Apologie du duc de Beaufort souvent attribuée à Saint-Évremond.

Condé, « entré dans sa prison le plus innocent des hommes, en sortait le plus coupable; » il courait soulever son gouvernement de Guyenne et conclure avec l'Espagne une alliance qui le faisait l'ennemi de sa patrie. C'était le cas de récompenser les fidèles et les affectionnés au service du roi. Saint-Evremond fut promu maréchal de camp, le 16 septembre 1652, et reçut le même jour le brevet d'une pension de mille écus. Il alla exercer son nouveau grade dans l'armée de Guyenne à laquelle Mazarin, mécontent de la conduite indécise et molle du comte d'Harcourt, donnait un nouveau chef, le duc de Candale, « voulant ainsi l'attacher de plus en plus à tous ses intérêts. » Secondé par l'intervention de la flotte royale et par d'habiles lieutenants, le duc fit aisément des progrès rapides. Les villes de Guyenne furent enlevées les unes après les autres, et l'armée royale bloquait Bordeaux au mois de juillet; alors la politique vint terminer l'œuvre commencée par les armes: Mazarin traita avec les chefs du parti des princes et la ville ouvrit ses portes le 3 août.

Saint-Evremond eut cette fois pour récompense quelques mois de Bastille. Son biographe donne plusieurs raisons de cette rigueur; quelques railleries sur le compte du cardinal revinrent aux fines oreilles de ce dernier. Elles partaient d'un salon que fréquentait Saint-Evremond, et ce fut assez pour qu'on les lui attribuât; le vrai motif était que le duc de Candale n'avait pas suivi les instructions de Mazarin dans les négociations qui terminèrent la guerre; le cardinal ne voulut pas s'en prendre à celui qu'il souhaitait pour neveu, mais fit retomber toute la faute de cette indocilité sur le conseil et l'ami que le vrai coupable avait auprès de lui.

Saint-Evremond, rendu à la liberté et allant en courtisan bien appris remercier l'Éminence de son élargissement, fut accueilli avec bienveillance et entendit une apologie qui ressemblait à des excuses; toutefois il résolut de ne plus se laisser prendre et désormais de garder à tout prix sa liberté.

On sait combien la fureur du duel possédait la noblesse et combien impuissants à les réprimer avaient été les édits et les sévérités de Richelieu. S'être battu contre Bouteville était un titre honorable et presque tous les amis de Saint-Evremond comptaient plusieurs affaires à éclat. Lui-même il eut un éclaircissement, comme on disait alors; mais les causes et les circonstances en sont demeurées inconnues. On sait le nom de son adversaire, le marquis de Fores, et c'est tout. Saint-Evremond avait alors quarante-sept ans, et l'on est aussi surpris de voir un pareil fait se produire une seule fois dans sa vie que de le voir s'y produire si tard. Ce duel fit assez de bruit pour que Saint-Evremond dût se retirer à la campagne tandis que ses amis négociaient son pardon. Dans sa retraite il écrivit une longue lettre au comte d'Olonne, une sorte de traité sur les plaisirs : « Vous me demandez ce que je fais à la campagne? Je parle à toutes sortes de gens, je pense sur toutes sortes de sujets, je ne médite sur aucun. » Malgré le titre du morceau et toute la science de l'auteur à démêler ce qu'il faut pour vivre heureux, et quels plaisirs il faut chercher, et quelles pensées il faut éviter, le ton général en est singulièrement mélancolique. Se fuir soi-même et l'importune pensée de la mort, rechercher la joie et l'entretenir curieusement, ne sont pas choses toujours aisées, et l'effort même y est un obstacle. Épicure et Aristippe donnent à leurs disciples des préceptes, et c'est tout; Saint-Evremond termine brusquement par quatre vers médiocres et plats, dont le sens est que les lois sévères des chrétiens leur donnent la vraie joie et la vraie paix; chute fort inattendue après l'exposé d'égoïsme savant qui précède. Le philosophe avait-il rencontré ce jour-là, quelque pauvre curé du voisinage, en soutane râpée, fatigué, amaigri par les travaux de son ministère, mais portant dans ses yeux, sur ses lèvres une sérénité digne d'envie? Aura-t-il causé avec lui et pénétré le secret de sa joie, pour dire enfin et d'une manière si peu préparée que le bonheur était où sa philosophie ne songeait pas à le chercher?

Si son âme ressentit alors quelqu'une de ces émotions salutaires, l'émotion dura peu et la légèreté du brillant épicurien allait bientôt amener la dernière crise de sa vie.

L'année 1658 fut la plus heureuse de cette longue guerre qui durait depuis vingt-quatre ans. Turenne avait gagné sur Condé et les Espagnols la bataille des Dunes; les villes de Flandres étaient définitivement acquises; il entamait le Brabant et poussait ses coureurs aux portes de Bruxelles. Encore un effort, et cette ville, Gand et Bruges tomberaient entre ses mains; ainsi serait réalisé le plan conçu depuis longtemps dans l'esprit de Mazarin qui écrivait à ses agents au congrès de Munster : « l'acquisition des Pays-Bas formerait à la ville de Paris un boulevard inexpugnable, et ce serait alors véritablement qu'on pourrait l'appeler le cœur de la France. » Mais l'automne était venu arrêtant toutes les entreprises et forçant d'ajourner au printemps la suite des conquêtes. Saint-Evremond avait fait cette campagne, et, ainsi que toute l'armée, il ne remettait son épée dans le fourreau qu'avec la plus vive impatience de l'en tirer bientôt.

Le cardinal avait eu des succès diplomatiques non moins heureux. Le 14 août il signait avec les princes du Rhin un pacte d'union à l'effet de maintenir le traité de Westphalie et d'empêcher l'Empereur d'assister le roi d'Espagne ; ce traité connu sous le nom de Ligue du Rhin déférait à la France le protectorat de l'Allemagne occidentale, « de telle sorte, a dit M. Mignet, que Louis XIV devenait le chef réel de l'Empire. »

De si grands résultats ne pouvaient être obtenus sans que les peuples en souffrissent. Leur mécontentement commençait à éclater sur plusieurs points du royaume ; aussi, quoi qu'il pût attendre de l'avenir, Mazarin souhaitait-il vivement que la guerre eût un terme.

Lorsque, à la fin de l'année, l'envoyé du roi d'Espagne se présenta devant lui, proposant d'une main le mariage de l'infante avec le jeune roi, et de l'autre une paix honorable, le ministre accepta sans aucune hésitation. L'union de Louis XIV avec la fille de Philippe comblait les vœux de la reine mère, devenue toute française pour les intérêts de son fils, mais restée bonne sœur pour le roi d'Espagne, malgré le temps et les influences politiques.

On signa donc une trêve au moment où l'armée de Flandres allait recommencer les hostilités, car les premiers pourparlers avaient été tenus secrets. Grandes clameurs aussitôt dans les états-majors. Le maréchal court auprès du ministre, lui représente « la faiblesse et la nécessité des ennemis, » et l'assure qu'il n'y a plus de monarchie espagnole si la guerre continue ; mais il ne persuade pas, et il ne semble même « qu'un général intéressé qui veut éloigner la paix pour se maintenir dans la guerre. » L'armée, rendant soupçon pour soupçon, accuse Mazarin d'être jaloux de Turenne et de vouloir diminuer le besoin qu'on a de ses services. Le marquis de Créquy, un des plus mécontents, charge son ami Saint-Evremond, désigné pour accompagner le cardinal à Saint-Jean de Luz, de l'informer de ce qui se passe aux conférences, et de démêler, s'il se peut, les vrais motifs de la paix ; Saint-Evremond le satisfit par une longue lettre où cet esprit, ailleurs si juste et si lumineux, s'est étrangement trompé. Accuser Mazarin de ne finir la guerre que pour tirer à lui les sommes énormes qu'elle absorbait et assurer les bénéfices qu'il possédait en Alsace, prétendre que la puissance espagnole, la trahison de Condé, les souvenirs de la Fronde troublaient son esprit et lui créaient des périls imaginaires, ce sont autant d'allégations fausses, que l'esprit de dénigrement pouvait seul inspirer.

Le traité des Pyrénées apportait à la France trois provinces, le Roussillon, la Cerdagne, l'Artois, plus, des villes qui couvraient le nord de la France, et il préparait ce dont Vauban fit plus tard « la frontière de fer, » avantages qui fondèrent la grandeur du règne de Louis XIV et qui répondent de reste aux imputations malignes du frondeur arriéré. Ce morceau, la dernière, la plus méchante peut-être des mazarinades, est d'ailleurs très-habilement tourné ; il débute par des louanges ironiques sur la mansuétude chrétienne de l'Éminence à l'égard de ses ennemis, et ses rigueurs salutaires envers les Français enflés de leur gloire ; puis il passe aux considérations qui ont dicté cette politique nouvelle. « Qui ne sait que la destruction de Carthage fut celle de la république romaine? Le cardinal a donc conservé l'Espagne à la France pour l'exercice de ses vertus, et, jaloux de montrer à toute l'Europe la supériorité de son génie, il a provoqué don Luiz à des conférences où il compte bien la faire éclater ; — l'Espagnol la reconnaît volontiers, mais il est opiniâtre, et finit par emporter grossièrement et sans raison les choses dont l'Italien dispute spirituellement et avec justice. »

Après avoir bien persiflé sur ce ton, Saint-Evremond le prend de plus haut : il accuse en face le ministre d'avoir voulu tout tenir sous sa dépendance, les finances d'abord, puis les généraux, les gouverneurs, M. le Prince, obligé de venir s'humilier devant lui, le roi même, qui eût appris, dans la guerre, à se conduire par d'autres conseils ; d'avoir trahi l'État en laissant les Espagnols faire la paix comme s'ils avaient été en notre place, et en recevant leurs conditions au lieu d'imposer les siennes ; de s'être montré artificieux, dissimulé avec ses amis, confiant, sincère avec les ennemis, comme pour se justifier devant les étrangers de la réputation où il était parmi nous.

Ce que nulle analyse ne peut rendre, c'est l'art perfide, l'ironie cruelle, la colère éloquente, mais contenue, de ce morceau célèbre, véritable épée de duelliste dont la lame mince, souple, acérée pénètre à tout coup jusqu'aux sources de la vie, dont l'acier brille, flamboie, éblouit comme l'éclair. C'est encore la terrible « botte de Saint-Evremond ! »

Quelques personnes seulement en eurent connaissance d'abord: Créquy, Clérambault, Turenne, dont elle flattait la gloire et l'humeur ; mais elle revint bientôt aux mains de son auteur, qui, sans plus la montrer, l'enfouit au fond d'une cassette.

Elle y dormit deux ans, tandis que Saint-Evremond, à la suite du comte de Soissons, ambassadeur extraordinaire du roi de France, assistait au couronnement du roi d'Angleterre heureusement restauré, et, dans un séjour prolongé, se liait avec tout ce que cette cour avait d'hommes aimables, spirituels et distingués. De retour en France, il trouvait son maître prêt à partir pour la Bretagne avec un petit nombre de courtisans tels que Turenne, Condé, Saint-Aignan, la Feuillade, Grammont et quelques autres; le nouvel arrivé fut désigné pour être du voyage. Fouquet, monté alors à une hauteur de puissance et de richesse vraiment vertigineuse se rendait également à Nantes; mais, par une voie différente, et le jeune roi à franc étrier avec son escorte, et le surintendant en bateau sur la Loire arrivaient, le 1er septembre 1661, dans la vieille capitale de la Bretagne. On sait quel coup de foudre éclatait à quelques jours de là et comment d'Artagnan arrêtait Fouquet au sortir du cabinet du roi. Louis XIV l'annonça avec sa dignité ordinaire à tous les seigneurs présents : « J'ai fait arrêter le surintendant, leur dit-il, il est temps que je fasse mes affaires moi-même. » « Il y en eut de bien penauds à cette déclaration, » le roi écrivait à sa mère le soir même. Saint-Evremond ne fut pas de ceux-là, mais des plus affligés, car c'est de Fouquet qu'il écrivait trente ans après ces événements : « ... L'homme le plus secret que j'aie connu en ma vie n'a été plus caché avec les autres que pour s'ouvrir davantage avec moi... Le souvenir d'une confidence si chère m'est bien doux : la pensée de l'état où il se trouve m'est plus douloureuse. Je me suis accoutumé à mes malheurs ; je ne m'accoutumerai jamais aux siens, et puisque je ne puis donner que de la douleur à son infortune, je ne passerai aucun jour sans me plaindre. »

Le 6 septembre le roi retournait à Fontainebleau, et Saint-Evremond, libre de ses mouvements, s'en allait à la campagne chez son ami le maréchal de Clérambault.

Cependant on mettait les scellés sur les papiers et les meubles de Fouquet ; on saisissait chez ses amis et créatures, entr'autres chez une madame du Plessis-Bellière, belle-mère du marquis de Créquy et de plus conseil et confidente du surintendant. On prit chez elle un coffre que Saint-Evremond avait jugé bon d'y déposer comme dans un asile sûr ; ouvert et inventorié, on n'y trouva rien qui concernât le surintendant, mais de l'argent, des manuscrits, et divers papiers, dont la Lettre sur la paix des Pyrénées. Colbert et le Tellier la lurent à Louis XIV, et tout animés d'un zèle rétrospectif pour la gloire de leur protecteur, ils persuadèrent au roi qu'il y avait là un outrage à la politique du cardinal qui remontait jusqu'à la reine mère, jusqu'à lui-même, mauvaises raisons pour punir un écrit ignoré du public et enseveli dans un secret profond. Ce qui est plus probable, c'est que

2

les ministres et le roi lui-même eurent peur de ce libre esprit qui jugeait avec une pénétration si hardie les affaires et la conduite de l'État. Ils virent sous le maréchal de camp fidèle et brave, sous le courtisan assidu, l'observateur gênant, le critique impitoyable. Or les rois n'aiment pas la raillerie, « de toutes les injures celles qui se « pardonnent le moins[1] » même chez le commun des hommes. Louis XIV, qui porta si haut le respect de la dignité royale et qui aimait les hommages jusqu'à l'adulation, devait haïr un jeu d'esprit qui est le langage du mépris et l'une des manières dont il se fait le mieux entendre ; aussi se montra-t-il irréconciliable avec les moqueurs comme Bussy-Rabutin et Saint-Evremond.

Celui-ci s'en retournait à Paris ne se doutant pas de l'orage qui grondait sur sa tête, lorsque le rejoignit, dans la forêt d'Orléans, un exprès envoyé par l'officieux Gourville[2] pour lui en donner avis et l'engager à se cacher. Il rebroussa chemin et chercha dans sa province une retraite sûre ; après en avoir changé plusieurs fois et mené quelque temps une vie errante, il se décida à passer en Angleterre.

Saint-Evremond avait quarante-neuf ans lorsqu'il quittait ainsi sa patrie, une grande position, des compagnies délicates, des amis éprouvés, un mouvement littéraire incomparable ; s'il avait su que c'était pour toujours, sa fermeté n'eût peut-être pas été à la hauteur d'un pareil sacrifice.

III

Saint-Evremond n'arrivait pas à Londres en inconnu : son précédent voyage lui avait fait des amis, ouvert des salons qu'il allait revoir non sans plaisir, et peut-être trouva-t-il d'abord « si peu de différence aux manières et aux conversations, qu'il ne lui paraissait pas avoir changé de pays. Tout ce qui peut occuper agréablement un homme de son humeur s'offrait aux divers penchants qui l'entraînaient, comme si les plaisirs de la cour de France l'eussent quitté pour l'accompagner dans l'exil[3]. » Les soupers, les entretiens vifs et gais avaient cours avec le duc de Buckingham, caractère indolent, mais esprit agréable et plein de feu, merveilleux à faire un conte, un vaudeville, à chanter une sarabande, à semer le plaisir en tout lieu ; avec Croft, ce fou de Croft qui disait à tout bout de champ les histoires les plus gaies ; avec le chevalier de Grammont dont l'humeur

---

[1] La Bruyère.
[2] *Mém.* de Gourville.
[3] *Mémoires* de Grammont, ch. VI.

charmante cherchait et portait partout la joie. Avec d'autres, tels que milord Arlington ou le duc d'Ormon, Saint-Evremond discourait de politique, de guerre, et de ces conférences de Saint-Jean de Luz où le premier était venu solliciter don Luiz pour les intérêts de son maître alors roi sans royaume, tandis que le maître lui-même demandait au cardinal la main d'une de ses nièces. Avec Stuart d'Aubigny, aumônier de la reine, et jadis élève de Port-Royal, le philosophe traitait de matières religieuses, et il trouvait là mieux qu'un interlocuteur, un ami dont la franchise et la sûreté lui étaient aussi précieuses qu'agréables. A d'autres jours, l'ancien élève de Gassendi allait chercher Hobbes, « le plus grand génie de l'Angleterre, » mais génie étroitement systématique, quoique vigoureux et original, et devant tout à lui-même. « Si j'avais lu autant que beaucoup d'autres, disait-il à Saint-Évremond, je serais aussi ignorant qu'eux, » et celui-ci pouvait lui répondre ce qu'il a écrit quelque part : « Je n'ai jamais eu de grands attachements à la lecture, si j'y emploie quelques heures, c'est quand je ne puis avoir la conversation des honnêtes gens. » Nos docteurs de France, Malebranche par exemple, traitaient Hobbes « de pauvre esprit ; » mais Saint-Evremond, plus curieux de connaître et de raisonner que de conclure, ne s'effrayait d'aucune témérité.

Charles II doit compter au premier rang des hôtes affables qui font accueil à l'exilé. Ce roi, d'esprit enjoué et d'humeur facile, se plaisait à voir à sa cour les Français qu'il avait connus dans ses mauvais jours ; Saint-Evremond fut l'objet de ses bonnes grâces et même de ses familiarités, plus peut-être qu'il n'eût voulu, comme le jour où le roi le nomma gouverneur de l'île aux Canards ; c'était un mauvais lopin de terre entouré de marais et situé dans le parc de Saint-James, où l'indolent monarque aimait à élever et à nourrir, de ses propres mains, un grand nombre de ces volatiles.

Cependant le travail et l'étude tenaient plus de place que jamais dans la vie de Saint-Evremond et les Jugements, les Observations, les Comparaisons, se succédaient sous sa plume judicieuse et fine. Il fait encore une comédie, très-peu scénique, très-peu divertissante, sauf deux caractères pris au vif, ceux d'un marquis français et d'un voyageur allemand. *Sir Politick Would-be* était écrit de moitié avec Buckingham, mais à coup sûr ces portraits reviennent à Saint-Evremond. C'est alors qu'il écrit son œuvre capitale, les *Réflexions sur les divers génies du peuple romain*. Ce livre de critique historique, qui mériterait une étude à part, marque le point, non le plus brillant, mais le plus élevé du talent de son auteur. Connue en entier, connue du vivant de Saint-Evremond et produite par lui-même dans le monde des lettres, où il avait déjà rang, cette œuvre était assurée d'un succès légitime et elle eût consacré la réputation du philosophe et de l'historien. Jamais, il me semble, Saint-Evremond ne se montra plus insouciant de la gloire, plus dédaigneux de la postérité que lorsqu'il refusa ou négligea de refaire les chapitres qu'un accident avait détruits, et nous le lui reprochons aujourd'hui, comme une sorte de désertion morale et littéraire.

Malgré tant d'agréables et puissantes distractions, Saint-Evremond souffrait d'une disgrâce qui ne semblait pas près de finir. Sa santé s'altéra, il tomba dans une langueur alarmante pour sa vie. Les médecins lui conseillaient un climat plus sec et plus chaud que celui d'Angleterre, ils indiquaient Montpellier, et Saint-Evremond dut se contenter de la Hollande. D'ailleurs il était temps de quitter Londres, une peste terrible commençait à sévir et mettait en fuite la cour, la noblesse et ce qu'il y avait de gens aisés dans la ville. Saint-Evremond avait confié ses livres et ses manuscrits à son ami, le poëte Waller; celui-ci fuyait quelque temps après et négligeait tellement le dépôt remis entre ses mains que beaucoup de papiers disparurent, notamment sept chapitres des *Réflexions sur les divers génies du peuple romain.*

Saint-Evremond passa quatre années en Hollande, et ce furent les plus pénibles de son long exil ; ce n'est pas qu'il ne cherchât à soutenir ses esprits par l'étude, par le commerce d'hommes distingués, et par des petits voyages; mais la France était trop près, une ou deux journées de route l'eussent ramené dans le plus agréable pays qu'il connût : « J'avais encore, disait-il, en soupirant, cinq ou six années à aimer la comédie, la musique, la bonne chère, et il faut se repaître de police, d'ordre et d'économie, et se faire un amusement languissant à considérer des vertus hollandaises peu animées. » Voyez l'influence de l'ennui, ce dissolvant irrésistible ! Le fier gentilhomme qui donnait de si hautes leçons de politique au ministre, qui depuis huit ans n'avait envoyé ni explication, ni désaveu de sa lettre, qui gardait à Fouquet un fidèle souvenir et osait le dire, se décide à écrire au marquis de Lionne une épître destinée à être mise sous les yeux de Louis XIV. Ici, l'esprit n'est plus de saison, ou plutôt il s'ingénie à trouver des excuses pour ce qu'il appelle l'apparence d'une faute ; s'il ne l'a pas essayé plus tôt, « c'est qu'avant de demander au roi le moindre soulagement, il a voulu souffrir pour avoir été si malheureux que de lui déplaire. » Puis, passant en revue ce que Louis a fait depuis qu'il règne par lui-même, il admire sa politique hautaine à l'égard de l'Espagne et de Rome; il exalte le secours qu'il donne à l'Empereur contre le Turc, la campagne qu'il dirige en Flandres, la paix qu'il s'impose à lui-même autant qu'à ses ennemis, puis, par une transition habile, il prétend que ce sont les belles qualités, les grandes actions du roi qui ont diminué à ses yeux celles du cardinal, oubliant qu'il incriminait l'Éminence sans connaître encore ce que deviendrait le prince, et que cette paix calomniée avait fourni au roi les armes mêmes dont il se servait à cette heure, en lui donnant quatre années d'une paix féconde et les droits d'une épouse à mettre en avant. Saint-Evremond poursuit son apologie qu'il confond avec celle du roi : « Tant qu'il agira comme il agit, il m'autorise à parler comme je parle ; » puis, il termine par ces protestations de dépendance et d'inaltérable attachement : « Les ordres du roi ne trouvent dans mon âme aucun sentiment qui ne les prévienne par inclination... Quelque rigueur que j'éprouve, je cherche l'adoucissement à mes maux dans le bonheur de celui qui le fait naître et rien ne saurait me rendre malheureux puisqu'il ne saurait arriver aucun changement dans la sienne. » On croit entendre en prose quelques-uns de ces tristes accents que modulait Ovide parmi les Gètes, flattant le prince qui s'obstinait à le tenir loin de Rome, et le fatiguant de ses vers intéressés plus encore que ses plaintes.

L'exilé fut pris au mot, Louis XIV ne le consola qu'en continuant d'être lui-même heureux et triomphant. La faute en fut-elle au monarque? Elle fut plus encore, croyons-nous, à l'esprit jaloux et vindicatif de Colbert et de le Tellier; ce qui nous le donne à penser, c'est l'accueil que reçoit Saint-Evremond chez l'ambassadeur de France à la Haye comme à Londres, c'est la recherche que font de ce Français malheureux les hommes politiques que les affaires de guerre ou de diplomatie envoient à l'étranger ; c'est le commerce assidu que les deux Lionne, Créquy, Turenne, et d'autres gardaient avec lui ; c'est la libre circulation des opuscules échappés de sa plume et avidemment saisis par les libraires. Quoi qu'il en soit, l'inutilité d'une tentative qui lui avait sans doute fort coûté, et qui avait nourri une dernière espérance, lui fut très-sensible. Aussi, ne se trouvant pas plus avancé du côté de la France qu'au moment où il l'avait quittée, accueillit-il avec reconnaissance l'invitation que Charles II lui faisait de revenir à sa cour. Celui-ci, sachant que la fortune de l'exilé était fort compromise par son éloignement de France, y suppléait libéralement par une pension de trois cents livres sterling.

Saint-Evremond touchait à la vieillesse, il avait soixante ans, une santé que venait souvent tourmenter « des diablesses de vapeurs, » avec cela nulle ambition, nul attachement autre que ceux d'amitié, nulle occupation que d'écrire, faute de divertissements, des bagatelles, des fantaisies, non pour le public, dont il ne s'inquiéta jamais, mais pour quelques amis. On voudrait qu'il s'en tînt à ces philosophiques loisirs, et l'on souffre à le voir se mêler d'une intrigue de la plus compromettante espèce. Dans le courant de l'année 1671 débarqua en Angleterre, comme fille d'honneur de cette charmante duchesse d'Orléans, une jeune femme appelée par des courtisans corrompus, par des politiques ambitieux, pour supplanter la maîtresse du roi. Elle y réussit promptement et ne fut que trop connue sous le nom de duchesse de Portsmouth ; mais avait-elle donc bien hésité à accepter ce rôle ignominieux pour que Saint-Evremond ait entrepris de la détourner du cloître et de lui vanter la douceur des tentations qui l'attendaient en Angleterre, pour qu'il se soit évertué à lui dire : que si le couvent lui tenait au cœur, elle fît du moins en sorte d'y porter ample matière à pénitence, afin de faire bonne figure au milieu de celles qui se repentent avec juste sujet? Détournons les yeux de ce badinage malséant. Le maréchal de camp, l'ami de Condé, le critique de Mazarin, le philosophe moraliste s'abaisse ici à un rôle qui n'était pas fait pour lui ; je l'aime mieux consolant son vieil ami le comte d'Olonne d'une disgrâce qui le relègue à la campagne, lui faisant la théorie de l'exil « en maître qui peut donner des leçons. » Les livres et la bonne chère, voilà la consolation qu'il recommande, après toutefois la conversation des honnêtes gens. C'est un Coteau qui parle à un autre Coteau et lui rappelle les préceptes d'une chère délicate et recherchée. Notons ce point pourtant, qui relève ce qu'on peut y trouver de grossier : « Accomodez votre goût à votre santé... » et celui-ci : « On ne peut jamais être délicat sans être sobre. » Tout à l'heure Saint-Evremond nous rappelait Ovide ; voici qu'il nous rappelle Sénèque. Mais cette fois, si l'épicurien français ne parle pas mieux que le stoïque de Rome, s'il manque de haut courage, du moins a-t-il pour excuse de n'y pas prétendre comme y prétend par profession un élève du stoïcisme.

IV

Mais la vie va prendre une face nouvelle pour Saint-Évremond ; le mouvement, l'intérêt, la flamme qui lui manquaient, il les trouvera désormais dans la société intime et journalière d'une femme réfugiée comme lui et poussée en Angleterre par une série d'infortunes domestiques ou plutôt d'aventureuses folies. C'était Hortense Mancini, « non-seulement la plus belle des nièces du cardinal Mazarin, mais une des plus parfaites beautés de la cour[1]. » Charles II, lorsqu'il n'était encore qu'un prince exilé, avait demandé sa main, mais le cardinal, « plus propre à gouverner les souverains qu'à faire des souveraines, » la lui avait refusée. Quelques jours avant que d'expirer, il mariait cette nièce charmante à Armand de la Porte, fils

[1] Madame de la Fayette.

du maréchal de la Meilleraye et lui laissait, tant en dot qu'en héritage, la somme fabuleuse de vingt-huit millions, à condition que les jeunes époux porteraient le titre de duc et duchesse de Mazarin. Jamais mariage ne réunit des contrariétés plus frappantes et des défauts plus extrêmes : du côté de la femme, une beauté accomplie, un goût vif pour les fêtes et la dissipation, une humeur de plaire, une hardiesse d'allures et un libertinage d'esprit surprenants dans la nièce d'un prince de l'Église ; du côté du mari, une laideur remarquable, un caractère jaloux, une religion farouche, des scrupules bizarres et extravagants. A défaut d'autres moyens de plaire, le duc aimait violemment sa femme ; mais cet amour même l'inspira mal, il ne sut que la contrarier, la blesser, s'en faire haïr et mépriser par une tyrannie insupportable, dissipant maladroitement ses grands biens et mutilant par sottise les précieux objets d'art réunis à si grands frais par le cardinal. Au bout de six années d'une telle vie, la duchesse demanda une séparation juridique et se retira dans un couvent qu'elle trouva moyen de bouleverser par son humeur folâtre ; puis se voyant sur le point de perdre son procès, elle s'enfuit à cheval en habit d'homme, escortée d'une fille également déguisée, et de deux écuyers ; elle traverse la Lorraine, la Suisse, l'Italie et va jusqu'à Rome retrouver sa sœur la connétable Colonne. Mais la nécessité d'accommoder son affaire la rappelle bientôt à Paris, où elle obtient la protection du roi et la promesse d'une pension de vingt-quatre-mille livres, une misère auprès des millions de sa dot ! Quant à retourner auprès de son époux, la belle duchesse s'y refuse et elle répond en riant à qui le lui propose : « Point de Mazarin, point de Mazarin ! » tout comme le peuple de Paris pendant la guerre civile. De retour à Rome, elle trouve la connétable en mauvaise intelligence avec son mari et méditant une fuite pareille à la sienne. Un soir, les belles infortunées se jettent dans une barque, et après bien des mésaventures arrivent en Provence, comme de vraies héroïnes de roman, avec force pierreries et point de linge blanc ; c'est la charité de madame de Grignan qui les pourvoit de chemises. Ici la connétable et la duchesse se séparent ; la première va s'enfermer dans un couvent à Madrid, la seconde se fixer à Chambéry, où elle demeure trois ans fort tranquille et jamais obscure, entourée de gens de mérite et visitée de tous les voyageurs de marque. Le duc de Savoie avait autrefois sollicité sa main, l'aimait-il encore, donna-t-elle encore quelque ombrage à la duchesse sa femme ? On pouvait le croire lorsque celle-ci, devenue veuve et régente, lui fit dire de quitter ses États : « C'est être bien malheureuse de se voir chassée de tous les lieux du monde ; mais ce qu'il y a de rare, c'est que cette femme triomphe de toutes ces disgrâces par un excès de folie qui n'eut jamais d'exemple et qu'après un tel dégoût elle ne pense qu'à se réjouir. » Ainsi parle une ancienne amie et compagne de jeux, la marquise de Courcelles, qui la voyait traverser Genève à cheval, en plume et en perruque, avec vingt hommes à sa suite, ne parlant que de violons, de parties de chasse et de tout ce qui donne du plaisir. Ce voyage avait fait du bruit à Paris : « Oh ! la folle, la folle ! » s'écriait madame de Sévigné, et mademoiselle de Scudéry à ce même sujet : « Quand les cervelles de nous autres femmes se démontent, en vérité cela ne se raccommode jamais. » Ce voyage plus hardi et plus fou que tous les autres avait d'abord pour terme une ville d'Allemagne ; mais le bruit courut bientôt qu'elle était en Angleterre « où il n'y a, comme vous savez, disait encore la spirituelle épistolière, ni foi, ni loi, ni prêtre ; mais je crois qu'elle ne voudrait pas, comme dit la chanson, qu'on en eût chassé le roi. » Que veut insinuer madame de Sévigné ? Un projet né dans l'esprit des politiques mécontents de l'influence de mademoiselle de Keroualle et dont Saint-Evremond se faisait l'interprète en disant à Hortense : « Si mes souhaits avaient lieu, vous seriez ambitieuse et gouverneriez ceux qui gouvernent les autres ; » projet que Charles II accueillait avec empressement, mais que la duchesse ne voulut pas entendre, non par vertu, mais parce que son cœur appartenait à un autre, et qu'à défaut de sagesse elle avait dans sa conduite autant de franchise que de désintéressement. Le roi toutefois lui fit une pension à titre de restitution de sommes que lui avait prêtées jadis le cardinal, et lui attribua pour demeure un pavillon situé dans le parc de Saint-James. C'est là que pendant vingt ans Hortense tint la cour la plus animée et la plus aimable. « Madame de Mazarin n'est pas sitôt arrivée en quelque lieu, nous dit son panégyriste, qu'elle établit une maison qui nous fait oublier toutes les autres. On y trouve la plus grande liberté du monde, on y vit avec une égale discrétion. Chacun y est plus commodément que chez soi, et plus respectueusement qu'à la cour. Il est vrai qu'on y dispute souvent ; mais c'est avec plus de lumière que de chaleur. »

On comprend qu'un tel salon fût du goût de notre philosophe, qu'une telle femme enchantât celui qui avait toujours trouvé son plus doux plaisir dans le commerce des femmes et qui prisait l'esprit et la discrétion à l'égal de la beauté. Aussi fut-il captivé comme il ne l'avait peut-être jamais été, même au temps des Ninon et des Marion ; car cette fois une belle duchesse « lui ôtait toute la raison que, de son propre aveu, tant d'autres lui avaient laissée. »

Ce vieillard amoureux sera-t-il ridicule ou méprisable ? Non pas, et Saint-Evremond, avec le goût et le tact qui lui est propre, saura rester délicat et digne dans ce rôle nouveau. C'est que sa passion restera toute de tendresse et de sentiment, sans la moindre prétention de plaire, et que, en aimant, il ne cherchera qu'à ranimer son cœur et qu'à réjouir ses yeux auprès de l'enchanteresse : « Le plus grand plaisir qui reste aux vieilles gens, c'est de vivre, dira-t-il avec une grâce touchante, et rien ne les assure si bien de leur vie que leur amour; *je pense, donc je suis,* sur quoi roule la philosophie de M. Descartes, est une conclusion pour eux bien froide et bien languissante; *j'aime, donc je suis,* est une conséquence toute vive, toute animée, par où l'on rappelle la jeunesse jusqu'à s'imaginer quelquefois d'être jeune encore. » De plus, le vieillard se fera pardonner son amour par un dévouement constant, il aimera ceux qu'Hortense distingue et qui l'adorent, il partagera ses goûts et saura s'y plier, il sera touché de ce qui la touche, affligé de ses peines, amusé de ses plaisirs ; raisonnements, disputes, contestations, colères même, dans la bouche de cette belle personne, auront des charmes pour lui. Il se fera son secrétaire, son poëte, son avocat, son panégyriste, son chevalier « de la triste figure, » ajoutera-t-il par modestie de vieillard, et toujours son serviteur infatigable.

Ce pavillon de Saint-James est bientôt le centre où se réunissent les beaux esprits comme la fleur de la noblesse anglaise. Hortense les préside et dirige la conversation avec une raison spirituelle et pénétrante; elle aime et attire les savants, « car elle sait autant qu'homme puisse savoir, mais cache sa science avec toute la discrétion d'une femme retenue ; ses connaissances, relevées par une heureuse imagination, ne sentent pas l'étude, mais elles lui font mépriser les discours ennuyeux de beautés, les fades entretiens de coëffes, de manches et d'étoffes des Indes. » Un savant docteur hollandais, Vossius, est le bienvenu chez elle, elle l'interroge curieusement : « Vous, monsieur Vossius, qui lisez toutes sortes de bons livres, hormis la Bible, vous pourriez bien nous expliquer telle chose[1], » et celui-ci l'entretient de ses spéculations sur l'étendue de la Rome ancienne, ou lui offre son traité sur la Chine. Un théologien protestant, le réfugié Justel, lui demande son appui pour imprimer ses livres de controverse, elle le lui promet, et sourit à la requête de Léti qui sollicite l'honneur d'écrire sa vie dès qu'il en aura fini avec Charles-Quint. Puis Waller ou Buckingham font tomber l'entretien sur le théâtre et les pièces nouvelles, Saint-Evremond s'anime alors et prend la défense de son vieux Corneille un peu passé de mode : « Qui mieux que lui, dit-il, sait choisir un beau sujet, le bien disposer, le bien suivre, le mener naturellement à sa fin et représenter sur le théâtre la condition humaine ? Aujourd'hui il ne faut plus que des caractères ; mais c'est à la Philosophie de les étudier et de les

---

[1] Bayle.

définir, c'est à la Comédie de nous représenter ce que font les hommes : » puis si la belle duchesse se récrie sur la rudesse d'un vieux goût que ne choquent pas les atrocités de Rodogune ou les rigueurs d'une Émilie qui préfère sa vengeance à la sûreté de son amant : « Vous êtes née à Rome, madame, lui dit-il, et vous y avez reçu l'âme des Porcies et des Aries ; si vous voyiez votre patrie opprimée, vos parents proscrits et surtout votre égal devenu votre maître, vous conspireriez. Je serais heureux alors d'être le Cinna qui recevrait vos ordres, et je me porterais généreusement à l'entreprise pour mériter vos louanges. »

Que du théâtre la conversation glisse à la politique, et que madame de Mazarin loue Richelieu d'avoir eu l'esprit vaste, Saint-Evremond relèvera l'expression et soutiendra qu'elle est incomplète, qu'*esprit vaste* se prend en bonne ou mauvaise part selon les mots qui viennent après ; qu'un esprit vaste, merveilleux, et pénétrant marque une capacité admirable, et qu'au contraire un esprit vaste et démesuré est un esprit qui se perd en de vagues pensées, en des desseins mal proportionnés. Tous les auditeurs se récrient et s'en mêlent, car sur une question de grammaire qui ne se croit compétent? Vossius, soutenant son *ami de lettres*, appuie son avis de force citations latines, mais la duchesse opiniâtre rallie à son avis les plus jeunes, et de toutes parts viennent les objections ; on cite tous les héros qu'on a coutume de traiter d'esprits vastes, et Saint-Evremond entend retentir à ses oreilles les noms d'Alexandre, de César, de Charles-Quint. Alors, s'élevant avec son sujet, il dévoile des trésors de fine érudition et de haute critique et trace à grands traits la figure de ceux qu'on lui cite : « Alexandre est habile et grand dans toute une moitié de sa carrière, puis, comme *vaste*, il entreprend cette expédition des Indes où son armée veut l'abandonner, où sa flotte manque à se perdre, d'où il revient à Babylone triste, confus, incertain, se défiant des Dieux et des hommes ; beaux effets de l'esprit vaste d'Alexandre ! » Quant à César, qui fut plus grand, plus habile que lui, dans les Gaules comme à Rome, au milieu des populations ennemies comme au milieu des partis ; mais au moment de saisir le pouvoir, il se dissipe dans les vastes idées de sa grandeur, viole les lois de l'État et ne sait comment établir les siennes, offense le sénat et se fie aux sénateurs. « louez, messieurs, louez l'esprit vaste, il a coûté à César l'empire et la vie ! » Quant à Charles-Quint, son esprit vaste embrassa trop de choses pour en régler aucune : c'est à cet esprit que sont dues les funestes entreprises en Afrique, divers desseins aussi mal conçus que mal suivis, et ces voyages de nations en nations qui l'ont fait nommer chevalier errant parmi les Espagnols.

On écoute charmé de tant de savoir et de goût, mais tout à coup le vieux philosophe craint que son succès ne lui nuise auprès d'Hortense, et quittant pour elle la raison « que tout honnête homme ferait vanité de perdre à ses pieds, » il soumet volontairement ses sentiments aux siens ; la duchesse ne veut pas d'un tel triomphe, elle décide que l'on s'en rapportera à l'Académie française, et séance tenante écrit à Saint-Réal l'exposé de la question pour qu'il la présente au jugement de l'illustre compagnie.

De tels entretiens étaient suivis des meilleurs repas que l'on pût faire, et le délicat Coteau avait lieu d'être satisfait du goût exquis qu'on savait donner aux mets communs, comme des raretés savoureuses qui paraissaient à cette table. Puis c'était, pour finir ces agréables journées, un concert de voix et d'instruments, dont parfois Saint-Evremond avait fait la musique lui-même, ou bien quelque partie d'hombre où les enjeux étaient peu considérables, où l'on ne jouait que pour se divertir.

Que de questions fines, sensées, profondes, furent ainsi traitées, dans les salons du *petit palais*, par cet aimable vieillard jaloux de faire oublier ses rides et ses cheveux blancs à celle qu'il nommait *miracle d'amour*. De retour chez lui, Saint-Evremond songe toute la nuit à la conversation qu'il vient de soutenir, « car, dit-il le lendemain à sa belle amie, quand on a eu le plaisir de vous voir et de vous parler le soir, il ne faut pas s'attendre à celui de bien dormir. » Et il lui lit alors l'entretien de la veille résumé ou reproduit de sa meilleure plume. Nous avons ces morceaux où revivent toutes les qualités de sa verte vieillesse; tantôt c'est une étude sur l'amitié, si compassée, si tranquille, que la duchesse l'intitule malicieusement l'amitié sans amitié; tantôt ce sont des pensées et des maximes sur la santé, la dévotion ou l'amour ; tantôt les plus judicieuses réflexions sur les auteurs anciens ou les auteurs modernes, ou bien encore quelques pages sur la religion, sujet auquel les plus insouciants ou les plus incrédules sont bien forcés de revenir, parce qu'il est le tourment de la pensée quand il n'en est pas la force et la paix.

Que de sages conseils l'épicurien ne donnait-t-il pas à cette jeune femme alors dans l'ivresse de la vie et de la liberté. La santé comme la beauté d'Hortense lui était le plus cher des soucis ; que d'appréhensions lorsqu'il la voit se lancer aux courses de New-Market, plus animée aux paris qu'aucune fille d'Albion, et s'usant les poumons à pousser des *done*, *done*, de droite et de gauche ; que de tendres reproches lorsqu'elle se « crève d'huîtres à souper » et passe des nuits entières sans dormir ! C'est qu'un goût nouveau ou plutôt une fureur s'est emparée de la folle duchesse, elle joue à la bassette et use ses yeux sur les cartes. Un aventurier, nommé Morin, vient d'apporter ce jeu en Angleterre et « taille » chez madame de Mazarin. Adieu les bonnes et doctes lectures de Plutarque ou de Don Quichotte, de Montaigne ou de Racine; adieu les discours sensés de philosophie et de raison : Hortense préfère à tout sa bassette maudite, mais, impérieuse comme une reine d'Orient ou plutôt comme un enfant gâté, elle force son vieil adorateur à s'asseoir au tapis vert, à tenir les cartes, et tandis qu'il s'oublie à la regarder, elle lui brouille son jeu, lui vole ses fiches, triche, querelle, le traite de dupe s'il perd, de trompeur s'il gagne, de maudit vieillard s'il réclame, le tout avec tant d'enjouement et de feu qu'il se trouve heureux des maux qu'il souffre près d'elle.

Un jour cette heureuse vie fut troublée par une funeste aventure. Le chevalier de Soissons, dernier fils d'Olympe Mancini, était venu en Angleterre visiter madame de Mazarin; la voir et l'aimer furent pour lui la même chose, mais il trouva auprès d'elle un rival heureux dans la personne d'un Suédois, le baron de Banière. Le jeune prince se battit contre l'étranger, le tua, et s'en alla en prison attendre l'issue d'un procès qui pouvait lui ravir tous ses bénéfices en France. On n'aurait pas imaginé « que les yeux d'une grand'mère pussent faire autant de ravages[1]. » La duchesse, au désespoir, ne parla plus que de quitter l'Angleterre et de se retirer dans un couvent. C'eût été pour Saint-Evremond le coup de la mort, aussi n'épargna-t-il rien pour lui représenter les inconvénients d'un tel parti, le tort qu'elle se ferait à elle-même, l'affreux ennui qui ne tarderait pas à la consumer dans un lieu où elle ne porterait ni vocation, ni foi, ni piété. Saint-Evremond fut écouté, le temps fit son office de consolateur, et madame de Mazarin demeura dans son *petit palais*.

La philosophie du vieil exilé, son attachement pour la belle et trop capricieuse Hortense eut son jour d'épreuve délicate. Le comte de Grammont lui annonce un matin que le roi de France a dit qu'il peut revenir et qu'il sera bien reçu. La guerre allait s'allumer entre la France et l'Angleterre, et Louis XIV ne voulait pas qu'un de ses sujets eût à souffrir des colères d'un peuple ennemi. Plusieurs anciens amis lui écrivent pour hâter son retour. Mais Saint-Evremond ne souhaitait plus cette grâce tant désirée vingt ans plutôt. Il aimait un pays où tous les jours il voyait madame de Mazarin, où l'on était accoutumé à ses cheveux blancs et à sa loupe, car il lui en était poussé une entre les deux sourcils, qui ne le gênait point, mais le défigurait assez : « Que ferai-je à Paris, disait-il, que me cacher ou me présenter avec diverses horreurs ? » Il resta donc près de son amie, rimant pour elle d'assez méchants vers, mais surtout prenant de plus en plus le rôle d'un conseiller prudent, d'un avocat expert dans les af-

[1] Madame de Sévigné.

faires que lui suscite encore l'humeur tracassière de M. de Mazarin ; il lui prête même de l'argent, jusqu'à huit cents livres, car l'opulente héritière est souvent dans des embarras cruels ; depuis dix ans son mari ne lui paye pas cette pension de mille louis que le roi avait réglée lui-même ; celle que lui faisait Charles II s'est éteinte avec ce prince, et son successeur ne la renouvelle pas ; la pauvre duchesse vécut de crédit, d'emprunts, de quelques secours de son frère, jusqu'au jour où Guillaume vint royalement à son aide.

Madame de Mazarin avait cinquante-trois ans et conservait encore une beauté extraordinaire ; pourtant l'ancienne gaieté s'était atténuée, elle semblait même éprouver une certaine lassitude de la vie et parlait volontiers de la mort : « Vous verrez, disait-elle à ses amis, vous verrez, quand vous ne m'aurez plus. » Au mois de juin de l'année 1699 elle tomba malade à Chelsea près de Londres, vit l'extrême danger avec tranquillité et même avec tant d'indifférence pour la vie qu'on aurait cru qu'elle n'était pas fâchée de la perdre. Elle mourut ainsi le 2 juillet.

Que pouvait être la vie désormais pour Saint-Evremond ? Une langueur triste et morne, un chagrin persistant, malgré les distractions qu'il essayait encore : « Quand je n'aurais que trente ans, écrivait-il, il me serait difficile de rétablir l'agrément d'un pareil commerce ; à l'âge où je suis, il m'est impossible de le remplacer. » Pourtant ses amis ne l'abandonnaient pas ; une femme douce et compatissante, madame de la Perrine l'attira chez elle, lui offrant « bonne table et petit jeu, » et surtout ces soins attentifs dont les vieillards ont besoin. Ninon de l'Enclos avait renoué avec lui une correspondance où Saint-Evremond prenait plaisir. Ces deux survivants d'un siècle qui n'était plus et qu'ils avaient vécu presque entier, échangent des souvenirs, des nouvelles, des compliments sur leur esprit et leur santé ; mais ils ont des retours sur eux-mêmes d'une sécheresse navrante ; les espérances élevées leur faisaient également défaut. L'une écrivait : « Vous disiez autrefois que je ne mourrais que de réflexion, je tâche à n'en plus faire et à oublier le lendemain. Tout le monde me dit que j'ai moins à me plaindre du temps qu'un autre ; de quelque sorte que cela soit, qui m'aurait proposé une telle vie, je me serais pendue. » L'autre reprenait à son tour : « Je n'ai pas en vue la réputation... Je regarde une chose plus essentielle, c'est la vie, dont huit jours valent mieux que huit siècles de gloire après la mort... Vivez, la vie est bonne quand la vie est sans douleur. » Malgré cette indifférence pour ses œuvres et sa renommée d'écrivain, force lui fut d'y penser. Barbin l'avait vainement sollicité de lui envoyer son portrait avec ses derniers écrits, mais il ne put se dérober aux instances d'un jeune réfugié français, Desmaizeaux ; celui-ci obtint du vieillard de revoir avec lui toutes les pièces publiées sous son nom, de marquer celles qui lui étaient faussement attribuées et de corriger les autres. Rien ne répugnait plus à Saint-Evremond que ce genre de travail; mais à ce point d'extrême vieillesse il était sans défense contre les obsessions d'un homme adroit, intelligent, qui l'entretenait de Bayle et lui prêtait ses ouvrages, qui lui parlait littérature et pouvait ainsi faire diversion à ses souffrances. Elles étaient devenues vives et continuelles; un jour le sommeil et l'appétit lui manquèrent, ce fut sa fin; il garda sa connaissance jusqu'au dernier moment, trouvant la force et le triste courage de faire au seuil de la mort une dernière plaisanterie; un ecclésiastique lui demandait s'il ne voulait pas se réconcilier? « De tout mon cœur, répondit le mourant; je voudrais me réconcilier avec l'appétit, car mon estomac ne fait plus ses fonctions accoutumées. » Saint-Evremond mourut de la sorte, en épicurien impénitent, le 25 septembre 1703; il avait quatre-vingt-dix ans.

Malgré tant d'incidents ou gais ou dramatiques, rien n'est triste au fond comme cette destinée d'un heureux génie que le malheur des temps et son propre égoïsme ont rendu presque stérile; rien n'est triste comme cette conclusion d'une vie si longtemps active, si longtemps riche de loisirs. Ni l'activité de Saint-Evremond ne lui a fait une place éminente dans l'histoire militaire et politique de sa patrie, ni ses loisirs n'ont produit une œuvre vraiment digne de son remarquable esprit: exemple à méditer d'une nature d'élite qui se *déserta elle-même*, selon l'énergique expression d'un ancien, et qui ne sut jamais cultiver en soi la faculté suprême, celle de vouloir et de bien vouloir.